THÈSE

POUR

LA LICENCE

TOULOUSE

Imprimerie **Bayret**, **Pradel** et Ce, place de la Trinité, 12.

THÈSE

POUR

LA LICENCE

SOUTENUE

EN EXÉCUTION DE L'ARTICLE 4, TITRE 2, DE LA LOI DU 22 VENTÔSE AN XII,

Par M. BARON (Alexis),

Né à Montauban (Tarn-et-Garonne).

TOULOUSE

IMPRIMERIE BAYRET, PRADEL ET Cⁱᵉ,

PLACE DE LA TRINITÉ, 12.

1859

A LA MÉMOIRE DE MON PÈRE !

A MA MÈRE, A MA SŒUR.

A MES PARENTS. A MES AMIS.

(C.)

JUS ROMANUM.

De rei uxoriæ actione.

(CODICE, Liv. V, Tit. XIII; INST. JUST., Liv. IV, Tit. VI, § 29).

Romani in favore magno dotem habebant, nam ad publicam rem spectabat, sicut in Pandectis apparet : « *Dotium causa semper et ubique præcipua
est; nam et publice interest dotes mulieribus conservari, quum dotatas esse feminas, ad sobolem procreandam replendamque liberis civitatem, maxime
sit necessarium.*

Restitutio dotis maximam utilitatem habebat : « *Nam interest reipublicæ
mulieres salvas dotes habere, propter quas nubere possint;* » et matrimonii ad
onera ferenda allatâ dote, soluto matrimonio, cum tunc jam nullum onus
ferendum superest sequitur ut dos a marito restituatur.

Igitur restitutioni dotis leges faverunt, et actionibus rei uxoriæ, et stipulatu. Hæ duo actiones prima bonæ fidei, secunda stricti juris competebant. Si de dote reddendâ stipulatio interposita sit, actio ex stipulatu patri
filiæque competit, pater ut restituatur dotem habebat etiam actionem rei
uxoriæ, quum nulla stipulatio fuisset. Extranei qui dotem constituerunt non
utuntur rei uxoriæ actione, sed actione ex stipulatu si dotem sibi restitui
stipulati fuissent; actionem rei uxoriæ cum actione ex stipulatu transfusit
Justinianus.

Quibus actio rei uxoriæ competit? Defuncta uxore dos a patre profecta
ad patrem revertebatur, ut, filiâ amissâ, solatii loco cederet, ne et filiæ
amissæ et pecuniæ damnum sentiret; mortuo marito in matrimonio, aut
divortio facto, in his omnibus casibus dos restituitur mulieri soli, si restitutionis tempore sui juris sit, et ipsa sola habet actionem rei uxoriæ; sed

pater et mulier actionem habent si uxor filiafamilias est; tunc enim dos quasi communis est patri et filiæ, et tam in solutione quam in exactione utriusque voluntas exquiritur, quippe alteri alterius deteriorem conditionem non facere licet, parvi interest utrum adventitia sit an profectitia.

Sunt vero exceptiones; ita quamvis jam sit mulier sui juris tempore divortii, actio tamen patri dabitur, si divortium in fraudem patris factum est ; ita soli mulieri in potestate actio competatur cum pater aut damnatus, aut captus ab hostibus consentire non poterit et pariter soli patri cum filia furiosa aut absens erit, sed utroque casu pater vel filia satisdabit ut res rata sit ab illo cujus consensus esse non poterat. Cæterum sæpe consensus filiæ tacitus sufficit et Ulpianus scripsit : « *Dotem voluntate filiæ videri patrem recepisse, cum causas ei contradicendi non habet.* »

Actio rei uxoriæ ad heredes mulieris nunquam transmittitur nisi moram in dote reddendà maritus fecerit et ex solà repetendæ testatione hæc mora non provenerit.

Persecutio actionis rei uxoriæ nonnullas modificationes ferebat. Si soluto matrimonio de reddendà sit, non semper tamen debet restituere maritus; si res in dotem datæ sunt quæ pondere, numero mensuràve constant reddendæ sunt annuà, bimà, trimà die, nisi ut præsens reddatur convenerit, reliquæ dotes statim redduntur.

Nonnullæ quoque retentiones conceduntur marito, hæ retentiones ex dote fiunt propter liberos, propter mores uxoris, propter impensas, propter res donatas, aut propter res amotas.

Propter liberos, si culpà mulieris aut patris cujus in potestate est, divortium factum sit, in singulorum nomine sextæ retinentur ex dote usque ad mediam partem dotis. Propter mores varie retinetur; morum nomine graviorum sexta retinetur, leviorum autem octava. Mariti mores etiam puniuntur restitutione præsente propter majores mores; propter minores senum mensum die. Impensæ necessariæ dotem ipso jure minuunt; impensæ utiles non minuunt ipso jure dotem, verum tamen exactionem habent.

Edicto quod de alterutro dicitur, cautum est, ut si quid maritus uxori hereditatis, vel legati, vel fideicommissi titulo reliquerit alterutrum tantum capiat mulier, vel quod sibi relictum est, vel dotem, actione ex testamento vel rei uxoriæ actione.

Adversus maritum competit actio rei uxoriæ, sed si filiusfamilias sit maritus, et dos socero data sit, adversus socerum agetur. Persecutionem dotis observandum est competere adversus heredes et adversus quoscumque viri aut soceri successores, qui dotem acceperunt.

Solutâ dote in solidum extinguitur actio rei uxoriæ, redintegrato matrimonio post divortium omnia in pristinum restituuntur et quamvis jam judicium contestatum fuerit, attamen rei uxoriæ extinguitur actio. Publicatione dotis dirimitur actio. Actio rei uxoriæ morte mulieris etiam extinguitur nisi móram fecerit in reddendâ dote maritus.

De novo jure a Justiniano introducto.

De transfusione rei uxoriæ cum ex stipulatu.

Hactenus de jure Pandectarum locuti sumus superest ut obiter adnotemus quod quidem diversis modis Justinianus abrogavit. Sublata rei uxoriæ actione, Justinianus actionem ex stipulatu retinuit in quam transtulit ea quæ in actione rei uxoriæ dotibus accommodatiora et propriora erant.

Ex Justiniani constitutione edictum de alterutro perpetuo cessat. Tacitam hypothecam concessit et in rebus ipsis dotalibus et in omnibus ipsius mariti, qua quidem hypotheca omnes creditores habentes expressam hypothecam et anteriorem antecellit. « *Ut plenius dotibus subveniatur quemadmodum in administratione pupillarium rerum et in aliis multis juris articulis tacitas hypothecas inesse accipimus.* » Actio ad mulieris successores transit, quamvis nullam maritus moram fecerit, sive post divortium, sive in matrimonio decesserit. « *Maneat ex stipulatu actionis jus ad successores et sine mora transmissiones incorruptum.* »

Item retentionibus nullus locus est, excepta tantummodo ob impensas necessarias diminutione, quæ quidem non propria retentio est. « *Taceat in eâ retentionum verbositas, quid enim opus est inducere ob mores retentionem, alio auxilio ex constitutionibus introducto? Ob donatas aut ob res amotas nec retentio necessaria est.* »

Voluit maritum non in solidum, sed in quantum facere posset damnari, cautione videlicet exponendâ de eo quod minus persolvebat restituendo, si ad meliorem fortunam perveniret. « *In tantum quidem maritus condemnetur, in quantum facere potest. Quia hoc æquissimum est.* » Jussit quoque dotem profectitiam a filiâ vel nepte sive herede institutâ, sive emancipata, vel exheredata, præcipuam accipi et minime inter patris vel avi coheredes dividi; « *æquissimum nobis visum est et in ex stipulatu actione mulierem dotem præcipuam accipere et si emancipata vel exheredata sit, vel cum aliis heredibus scripta.* » Dixit etiam Justinianus a patre et filiâ vel solâ filiâ sicut antea dotem sive profectitiam sive adventitiam repetendam esse.

Voluit lex extraneo ad dotem adventitiam obtinendam actionem ex stipulatu non competere nisi stipulatio interposita fuisset. Non abrogavit Justinianus fructus constante matrimonio mariti lucro cedere, fructus autem extremi anni, pro rata temporis quo stetit matrimonium dividi, et res immobiles soluto matrimonio statim reddi. Vero addidit hoc novi ut res mobiles vel se moventes, vel incorporales, post annum restituerentur, atque hoc elapso tempore dotis usuræ trientes præstarentur.

Ex novellâ centesimâ uxori dotem quæ non numerata sed in instrumentis dotalibus veluti data conscripta fuerat, repetenti maritus intra tres menses adie soluti matrimonii exceptionem non numeratæ pecuniæ apponere potest, si quidem ultra biennium et usque ad decem annos extensum fuerit matrimonium, si vero decem annos præterierit hæc omnino tollitur exceptio.

POSITIONES.

I. Quæritur an dotis profectitiæ patri danda sit exactio, si constante matrimonio decessisset filia?

II. Mortuâ in matrimonio muliere, dos a patre profecta ad patrem revertitur quintis in singulos *in infinitum* relictis penes virum. Quomodo intelliguntur hæc verba : *in infinitum.*

CODE NAPOLÉON.

De la révocation des donations entre-vifs, de celle des testaments et de leur caducité.

(Liv. III, Tit. II, Art. 954 a 966; 1035 a 1047-1089.)

CHAPITRE Ier.

Révocation des donations entre-vifs (954 à 966.)

L'influence de l'autorité historique peut seule expliquer la rigueur de la loi sur le principe d'irrévocabilité des donations. Nos anciens législateurs, dont les efforts tendirent constamment à conserver les biens dans les familles, crurent trouver un moyen de mettre un frein aux libéralités, dans l'intérêt personnel des donateurs. La règle *donner et retenir ne vaut,* eut donc pour but de protéger la famille contre les donations exagérées.

Les rédacteurs du Code, en reproduisant ce principe, n'ont pas vu que le motif qui le justifiait autrefois n'existe plus aujourd'hui.

On pourrait cependant dire, à l'appui de cette règle, qu'à ce jour la faculté de révoquer laissée au donateur eut été dangereuse ; car elle eut laissé la propriété incertaine, retiré une masse énorme de biens du commerce, et eut, de plus, engendré des procès, en obligeant les donataires à restituer des choses qu'ils ont longtemps possédées et auxquelles ils se sont attachés.

Toutefois, le principe de l'irrévocabilité des donations entre-vifs a dû céder à des circonstances dans lesquelles il eut été trop dur de ne pas admettre des exceptions, circonstances où la morale et l'ordre public eussent été blessés.

Ces exceptions mentionnées dans l'art. 953, sont : l'inexécution des conditions, l'ingratitude du donataire, la survenance d'enfants si le donateur n'en avait pas au moment de la donation.

Chacune d'elles fera l'objet d'un paragraphe séparé.

§ 1er. — Inexécution des conditions.

Le législateur n'a consacré à cette matière que trois articles spéciaux : l'art. 953, qui range l'inexécution des conditions au nombre des causes de révocation ; l'art. 954, qui détermine à l'égard des tiers les effets que doit produire cette révocation ; et, enfin, l'art. 956, qui dispose que cette même révocation n'a pas lieu de plein droit.

Le mot *conditions* est pris ici dans son sens pratique, synonime de charges imposées au donataire, et non dans son sens juridique ; aussi le législateur a soumis la révocation pour cause d'inexécution des conditions, à la règle générale qui gouverne la résolution des contrats synallagmatiques. Ainsi, malgré l'inexécution des conditions, le contrat de donation subsiste. Cette exécution n'a fait, suivant une énergique expression de Grenier, que *le rendre révocable*. Il ne sera révoqué que lorsque la sentence du juge, sur la demande des personnes qui peuvent se prévaloir de l'inexécution des conditions, en aura prononcé la révocation. Elle ne s'opère pas de plein droit, et la loi permet aux juges de venir en aide au donataire malheureux et de bonne foi, tout disposé à exécuter les charges, en lui accordant un délai. Elle peut être demandée par les héritiers du donateur contre les héritiers du donataire. Ce point pouvait faire doute, lorsque autrefois cette révocation était considérée comme un cas d'ingratitude ; mais dérivant, d'après la loi, d'une convention tacite, ce doute ne peut plus exister.

L'inexécution des conditions produit à l'égard des donations entre-vifs le même effet que relativement aux autres contrats, et les dispositions des art. 954 et 956 ne sont que des conséquences des art. 1183 et 1184, relatifs à la nature et à l'effet de la condition résolutoire apposée dans les conventions en général. La révocation a lieu *en causa antiqua* et *primœva*, c'est-à-dire en vertu d'une cause contenue, dès l'origine, dans le contrat lui-même. *Ex necessitate pacti impressi in ipsa rei traditione.* Les objets donnés sont remis dans le même état où ils se trouvaient à l'époque de la donation. Toutes les aliénations consenties par le donataire sont nulles; le donateur reprend les biens libres et francs de toutes hypothèques ou charges acquises sur eux, du chef du donataire : *resoluto jure dantis, resolvitur jus accipientis.*

§ 2. — Ingratitude du donataire.

L'ancienne jurisprudence étendait outre mesure les causes de révocation pour ingratitude, reproduisant ainsi les dispositions du Droit Romain. On a senti la nécessité, aujourd'hui, de porter la précision là où il n'y avait qu'incertitude; aussi a-t-on sagement limité et nettement déterminé les causes de révocation pour ingratitude. Les cas de révocation pour ingratitude sont bornés à trois; c'est ce qui résulte de la précision du texte de la loi dans l'art. 955. La donation entre-vifs ne pourra être révoquée que dans les cas suivants : 1° si le donataire a attenté à la vie du donateur; 2° s'il s'est rendu coupable envers lui de sévices, délits ou injures graves; 3° s'il lui refuse des aliments.

Le donataire peut être considéré comme ayant attenté à la vie du donateur, sans avoir été condamné pour ce fait. Il suffit qu'il ait par ses actes manifesté, d'une manière non douteuse, l'intention de donner la mort au donateur. Les sévices s'entendent ici de toutes les voies de fait dont le donataire s'est rendu coupable envers la personne du donateur, et qui attestent dans une âme dure l'oubli du bienfait. Les délits s'adressent, soit à la personne, soit à la propriété, à la fortune du donateur.

Quant aux injures et aux simples délits, ils ne peuvent motiver la révocation d'une donation qu'autant qu'ils présentent, eu égard aux circonstances et à la condition des parties, un certain degré de gravité.

Le refus d'aliments de la part du donateur ne peut, en général, motiver une demande en révocation, lorsque le donateur a ces parents ou alliés auxquels il est en droit de réclamer des aliments et qui sont en état de lui en donner. Les faits articulés à l'appui d'une demande en révocation ne peuvent être pris en considération par le juge, dont le pouvoir ici est tout d'appréciation, qu'autant qu'ils sont moralement imputables au donataire. L'état de minorité ne pourrait pas cependant fournir une excuse. *Nam in delictis neminem œtas excusat.*

Les donations faites en faveur du mariage, soit par des tiers au profit des époux ou de l'un d'eux, soit par l'un des époux à l'autre, ne sont pas révoquées pour cause d'ingratitude; toutes les autres donations sont sujettes à cette révocation, quelles qu'en soient, d'ailleurs, les modalités, et peu importe la forme sous laquelle elles ont été faites.

Cette révocation ne peut être demandée que par le donateur lui-même ou ses héritiers, et pour ces derniers si l'action a été déjà intentée par le donateur, ou s'il est décédé dans l'année du délit. Les successeurs universels et les créanciers du donateur seraient sans qualité, non-seulement pour intenter une pareille demande, mais même pour la continuer dans le cas où il l'aurait lui-même introduite.

Cette demande ne peut être intentée que contre le donataire lui-même; elle peut l'être, cependant, contre ses héritiers ou successeurs, si elle a été d'abord formée contre lui. Ce principe a toujours été admis suivant la règle : *Omnes actiones quæ morte aut tempore pereunt, semel inclusæ judicio salvæ permanent.*

La demande en révocation doit, à peine de déchéance, être introduite dans l'année à compter du jour où les faits imputés au donataire ont eu lieu, ou du jour où ces faits ont pu être connus du donateur. Le délai d'une année, fixé pour l'introduction de la demande en révocation, court contre toutes personnes indistinctement; il ne serait pas même suspendu pendant le mariage du donateur et de la donataire. La demande en révocation serait éteinte, même avant l'expiration du délai d'un an, si le donateur ou ses héritiers avaient formellement ou tacitement remis l'offense du donataire. S'ils exécutent la donation à une époque où ils ont déjà connaissance des faits de l'ingratitude, ils sont présumés avoir pardonné au donataire.

Cette révocation n'a jamais lieu de plein droit. Le juge saisi de la demande apprécie souverainement, sous le double rapport de leur imputabilité et de leur gravité, les faits reprochés au donataire.

A l'égard des tiers, cette révocation ne produit d'effet qu'à partir du jour de la demande ; elle ne préjudicie ni aux aliénations faites par le donataire, ni aux hypothèques et autres charges réelles qu'il a pu imposer sur les biens donnés avant la demande.

L'effet de la loi a dû s'arrêter, évidemment, devant l'intérêt des tiers, avec d'autant plus de raison que l'action pour cause d'ingratitude naît uniquement du fait du donataire, et que c'est un principe constant en droit, qu'aucun individu ne peut nuire, par son fait, au droit acquis à autrui sur ses biens. *Nemo enim ex alterius facto prægravari debet.*

Mais entre les parties, les effets de la révocation remontent au jour de la donation, en ce sens, du moins, que le donataire est obligé de restituer tous les biens donnés qu'il possède encore, et, de plus, est tenu de bonifier au donateur la valeur, eu égard au temps de la demande, de ceux de ces biens qu'il aurait aliénés, et de l'indemniser des charges dont il les aurait grevés, peu importe, à titre onéreux ou à titre gratuit.

Pour les fruits, il ne les doit qu'à compter du jour de la demande. Il en est de même des détériorations.

§ 3. — Survenance d'enfants.

La donation faite par une personne qui n'avait pas d'enfants vivants au moment où elle a été formée, est révoquée lorsqu'il survient un enfant au donateur.

L'origine des dispositions du Code sur cette révocation des donations, se trouve dans la célèbre loi *si unquam* du Code de Justinien. L'ordonnance de 1731 a reproduit cette cause de révocation, et l'esprit de cette ordonnance se retrouve dans notre législation actuelle. Elle est fondée sur le motif tiré de l'affection paternelle, qui fait supposer que le père n'eût pas consenti la donation s'il eût prévu, au moment de l'acte, qu'il aurait plus tard des enfants.

Cette révocation a lieu de plein droit à la différence des deux premières. La présomption de la loi est tellement absolue, qu'elle ne céderait pas devant une déclaration contraire du donateur, et que la révocation s'opérerait malgré toute clause ou convention par laquelle il y aurait renoncé ; l'article 965 est formel. L'art. 961 ajoute même que cette révocation aura lieu encore que l'enfant du donateur ou de la donatrice fût conçu au temps de la donation. Et, en effet, celui dont l'enfant n'est pas encore né « n'a pas senti la tendresse que la nature met aux cœurs des père et mère pour leurs enfants. » On pourrait croire que cette révocation a été introduite dans l'intérêt des enfants, et cependant ils n'en profitent qu'indirectement, et encore lorsque ces trois conditions concourent : 1° il faut qu'ils survivent au donateur ; 2° qu'ils acceptent sa succession ; 3° que le donateur n'ait pas disposé de nouveau des biens qui lui ont été rendus par l'effet de la révocation. C'est donc dans l'intérêt du donateur que la révocation a lieu ; la loi a voulu subvenir au défaut de prévoyance des gens qui n'ont pas d'enfants et qui se persuadent trop facilement qu'ils n'en auront point.

Quelles donations sont révocables pour cause de survenance d'enfants ? Sont révocables : 1° les donations ordinaires ; 2° celles faites sous certaines charges ; 3° les donations rémunératoires ; 4° les donations mutuelles ; 5° les donations faites par contrat de mariage par autres que par des ascendants. Toutefois, la loi a dû porter deux exceptions à cette révocation : 1° dans le cas où la donation est faite par un ascendant à l'un des futurs conjoints ; 2° ou lorsqu'elle est faite en faveur du mariage *par les conjoints l'un à l'autre ;* la loi, ici, eut pu ajouter que cette révocation ne serait pas révoquée par la survenance d'*un enfant commun.*

Pour que la révocation pour survenance d'enfants ait lieu, deux conditions doivent concourir : 1° le donateur ne doit pas avoir d'enfants ou de descendants actuellement vivants à l'époque de la donation ; 2° il faut, de plus, qu'il survienne au donateur soit un enfant légitime, soit un enfant naturel légitimé. Mais dans ce dernier cas, la naissance et la légitimation doivent être, l'une et l'autre, postérieures à la donation.

La naissance posthume d'un enfant légitime révoque aussi la donation ; en effet, la donation est ici faite sous une condition résolutoire ; or, toute condition ayant un effet rétroactif au jour du contrat, on peut dire que le droit de révocation est né dans la personne du donateur, et que celui-ci l'a transmis par succession à son enfant posthume. Un enfant naturel, même reconnu, n'influe en rien sur la donation ; toutefois, une donation faite à cet enfant naturel lui-même, ne serait pas révoquée par la survenance d'un enfant légitime.

La révocation pour survenance d'enfants a lieu de plein droit, à la différence de la révocation pour cause d'inexécution des conditions ou d'ingratitude, c'est-à-dire sans qu'il soit nécessaire de la faire prononcer. Ces donations ainsi révoquées, ne peuvent revivre ni par la mort de l'enfant, dont la naissance en avait opéré la résolution, ni par aucun acte de confirmation, soit expresse, soit tacite de la part du donateur; ce n'est que par un nouvel acte de disposition que la donation peut revivre. Elle a lieu de plein droit, en ce sens que la justice n'a pas besoin de la prononcer et que, même lorsque la justice intervient, elle ne peut pas ne pas la prononcer; elle a lieu de plein droit en ce sens qu'elle a lieu malgré le donateur, et enfin parce qu'elle est absolue et peut être invoquée par toute personne intéressée.

La révocation pour survenance d'enfant a lieu *ex tunc,* c'est-à-dire avec effet rétroactif *ex causâ antiquâ* du jour de la donation, car elle s'opère comme conséquence d'une condition résolutoire tacite. Elle met donc à néant toutes les aliénations des biens donnés qu'a pu faire le donataire, et les biens reviennent au donateur francs de toutes charges, hypothèques ou servitudes dont le donataire pouvait les avoir grevés.

Mais ici le donataire étant de bonne foi, conserve les fruits perçus depuis la notification de la naissance de l'enfant par acte judiciaire ou extra-judiciaire. Les mêmes règles s'appliquent aux tiers-détenteurs des biens compris dans la donation.

L'action en restitution de biens faisant l'objet d'une donation révoquée pour survenance d'enfants, qui compète au donateur ou à ses héritiers, ne se prescrit que par trente ans à compter du jour de la naissance du dernier enfant même posthume, et ce, sans préjudice des suspensions ni interruptions, telles que de droit. En effet, rejeter ici les suspensions de prescription pour cause de minorité des enfants après la mort du père, ce serait aller contre le principe de la loi et y introduire une véritable bizarrerie, puisque nulle part une plus grande faveur n'est accordée à la prescription que dans l'art. 966.

La prescription est la même pour l'action en délaissement contre les tiers-détenteurs d'immeubles compris dans la donation (966).

Quant à ceux-ci, ils ne devront les fruits que du jour de la demande en restitution.

Révocation des testaments et de leur caducité.

(Art. 1035 à 1047.)

Les testaments étant l'œuvre de la seule volonté du testateur, ne l'obligent nullement; aussi cet acte est-il révocable par son essence jusqu'au jour de la mort de son auteur, à la différence des donations entre-vifs qui ne peuvent être révoquées que par exception. Toute clause, toute promesse tendant à interdire au testateur la faculté de révoquer ses dispositions, ou même qui ne ferait que gêner cette liberté, serait nulle et considérée comme non écrite.

Un testament peut être révoqué par son auteur pour le tout, ou seulement pour l'une ou quelques-unes de ses dispositions; certains faits étrangers à la volonté du testateur produisent la caducité des testaments, ou du moins de quelques-unes de leurs dispositions; enfin, il existe aussi des causes légales de révocation. Nous nous occuperons de ces diverses hypothèses, puis nous examinerons le cas où de plusieurs légataires institués ensemble, l'un ne recueille pas le legs, ce que devient sa part, ou, en d'autres termes, à qui elle accroît.

Révocation par le fait du testateur.

Le changement de volonté, chez le testateur, peut se manifester de deux manières, soit expressément, soit tacitement. D'une manière expresse, quand le testateur, dans un acte postérieur, déclare ne pas persister dans la volonté dont le testament était l'expression; d'une manière tacite, lorsqu'il fait de nouvelles dispositions incompatibles avec les premières, ou lorsqu'il intervient de sa part certains faits qui démontrent l'intention de révoquer les dispositions précédentes.

Révocation expresse. En Droit Romain, il était de principe que le testament ne pouvait être révoqué que par un autre revêtu lui-même de toutes les solennités du premier. Anciennement, en France, la législation romaine était observée dans les pays de Droit écrit. Dans les pays coutumiers, un testament pouvait être révoqué par la simple manifestation, écrite de la part du testateur, de la volonté de le révoquer.

Moins asservis que les jurisconsultes Romains à de subtiles théories, mais plus prudents que les anciennes coutumes, les auteurs du Code Napoléon ont décidé que (art. 1035) les testaments ne pourront être révoqués, en tout ou en partie, que par un testament postérieur, ou par un acte devant notaires portant déclaration du changement de volonté. La nature du second testament n'influe en rien sur la validité de la révocation du premier. Il est une seule chose essentielle : il faut que le second testament soit valable. Les dispositions du dernier testament peuvent même ne pas produire leur effet; il suffit, en un mot, que la révocation soit mentionnée dans un testament *susceptible* de produire un héritier.

Le testament peut être encore révoqué par un acte notarié, sans que cet acte ait besoin de constituer un testament nouveau. Du moment que la déclaration de changement de volonté aura été reçue, d'après les règles portées par la loi du notariat, la révocation s'ensuivra. Cet acte n'est pas soumis aux formes exceptionnelles d'un testament public, c'est un acte notarié ordinaire. Aussi la révocation peut être reçue par un notaire et deux témoins ou par deux notaires sans témoins.

Un acte sous seing-privé, écrit, daté et signé de la main du testateur, est valable comme acte de révocation et doit être considéré comme un testament postérieur, quoiqu'il ne contienne aucune disposition de biens, ni aucun legs. En effet, la pensée de la loi est : que la volonté de révoquer peut être consignée ou dans un acte revêtu *des formes légales d'un testament*, ou même dans un acte revêtu *des formes ordinaires* d'un acte notarié. Cette solution, confirmée par l'esprit de la loi, l'est de plus par l'autorité historique de la rédaction de l'art. 1035.

Révocation tacite. La révocation tacite se manifeste non plus *verbis* par la déclaration formelle du testateur, mais *re* par un fait qui prouve chez ce testateur le changement de volonté. Du reste cette révocation, comme la première, est restreinte et limitée par la loi; et de même que la révocation expresse ne résulte pas d'une déclaration quelconque, mais seulement d'une déclaration écrite dans un testament ou dans un acte notarié, de même la révocation tacite ne peut résulter que des faits prévus par le Code, et encore ces faits sont soumis à l'appréciation du juge, qui peut en induire ou non la révocation.

Elle résulte : 1° de la confection d'un second testament, contenant des dispositions *contraires* ou *incompatibles* avec celles qui sont contenues dans le premier. Préciser la différence qu'il y a entre incompatibilité et contrariété des dispositions, nous paraît assez difficile. On dit, cependant, que deux dispositions sont incompatibles, quand faites au profit de la même personne la seconde comprend, mais avec moins d'étendue, ce qui déjà avait été attribué au légataire par la première disposition. Deux dispositions sont contraires lorsqu'elles sont faites à deux personnes différentes, et que la seconde disposition est de telle nature qu'elle fait supposer chez le testateur la volonté d'abandonner la première.

Quant à savoir quand il y aura incompatibilité, c'est là un *point de fait* sur lequel il est impossible de porter, en thèse, aucune règle absolue, et que les tribunaux devront toujours décider par les circonstances. La loi ici confie cette question à l'expérience des juges.

En Droit Romain, où l'institution d'héritier comprenait nécessairement l'universalité des biens, le second testament était toujours incompatible et pour le tout avec le premier; on ne pouvait avoir qu'un testament, car on ne pouvait pas mourir *partim testatus, partim intestatus.* En France, au contraire, on peut avoir plusieurs testaments : la loi a rejeté toute distinction, et dans sa disposition elle ne fait que reproduire les principes admis par le Droit coutumier, qui ne considérait les testaments que comme des codicilles.

Aliénation de la chose léguée. La révocation tacite résulte, en second lieu, de l'aliénation de la chose léguée; et le Code, ici, en déclarant que toute aliénation de la chose léguée révoque le legs *ipso facto,* se montre plus sévère que l'ancien Droit. Il ne s'agit donc pas d'une aliénation réelle en droit, mais d'une simple aliénation de fait. On peut poser en règle générale: la *volonté d'aliéner* suffit pour faire présumer l'intention de révoquer. Si le testateur aliène sous l'empire de la folie ou de la violence, évidemment cette aliénation n'emportera pas révocation du legs; car celui-là n'a pas la volonté d'aliéner, qui cède à la crainte ou n'a pas le sentiment de ses actes. Toute aliénation est soumise à la révocation, même faite avec faculté de rachat; l'aliénation faite par échange y est aussi soumise, ainsi que celle qui est nulle, et celle dont l'objet est rentré dans les mains du testateur. Ce dernier a voulu aliéner, et cela suffit pour faire présumer l'intention de révoquer.

La loi n'indique que deux causes de révocation tacite, il en est cependant une troisième; et si le Code ne l'a pas indiquée, c'est parce qu'elle n'est pas une simple révocation, et parce qu'elle a par elle seule une énergie telle qu'il n'est pas permis de douter de son effet : c'est la suppression matérielle ou légale de l'acte testamentaire.

Caducité des legs.

Une disposition testamentaire est caduque lorsque, sans être révoquée d'une manière expresse ou tacite, elle se trouve privée de son effet par suite de causes autres qu'un vice qui l'annule dans le principe.

Le Code Napoléon, art. 1039, 1040, 1041, 1042, 1043, établit cinq causes de caducité : le prédécès du légataire; le défaut d'accomplissement de la condition pendant la vie du légataire; la perte totale de la chose léguée; la répudiation; l'incapacité du légataire.

Prédécès du légataire. — Deux motifs puissants font prononcer la caducité en pareil cas : 1° le testament n'ayant d'effet qu'à la mort du testateur et ne transférant jusque-là aucun droit au légataire, celui-ci ne peut rien réclamer s'il meurt avant cette époque, ni rien transmettre à ses héritiers; 2° le testateur est présumé n'avoir eu en vue que la personne du légataire, sans que sa bienveillance s'étende aux héritiers de ce légataire, le legs n'étant ordinairement fait qu'*intuitu personæ.*

Défaut d'accomplissement des conditions. — Quand le legs est fait sous condition, le droit du légataire ne date que du jour de l'accomplissement de la condition; en conséquence, le legs devient caduc si le légataire meurt avant cette époque, ou si la condition vient à défaillir avant sa mort.

3

Perte de la chose léguée. — La perte de la chose léguée, arrivée du vivant du testateur, est encore une cause de caducité des legs. La chose léguée est censée périe, lorsque ce qui constituait sa *substance* n'existe plus; et par substance d'une chose nous entendrions plutôt la forme qui lui est propre, qui la différencie des autres choses, que la matière dont elle est composée.

L'art. 1042 nous présente, dans son 2° aliéna, comme un cas de caducité, la perte de la chose léguée arrivée après la mort du testateur. Mais c'est à tort; car dans ce cas le legs n'est point caduc. Le légataire ne l'a-t-il pas acquis? Or, s'il a produit son effet, il ne peut pas être caduc, et le légataire peut réclamer tout ce qu'il reste de la chose léguée, en invoquant la maxime : *meum est quod ex re mea superest.*

Répudiation du legs. — Le légataire peut répudier le legs qui s'est ouvert dans sa personne; il n'est point obligé de l'accepter s'il le trouve grevé de charges trop onéreuses, ou si, par quelque autre raison, il ne croit pas devoir l'accepter, il est bien libre de répudier; et, dans ce cas encore, la disposition se trouve caduque. C'est ce qui résulte de l'art. 1043.

Incapacité du légataire. — Les legs seront encore caducs lorsque le légataire se trouve incapable de les recueillir. Le Code Napoléon a voulu probablement régler l'hypothèse où le légataire, français au moment de la confection du testament, est étranger au moment de la mort du testateur; mais cette hypothèse n'est plus possible aujourd'hui que les étrangers sont, comme les Français, habiles à recevoir par testament; cependant le legs peut être caduc dans ce cas, si le légataire, quand le testateur meurt, subit une condamnation à une peine afflictive perpétuelle (art. 2 de la loi du 31 mai 1854), ou s'il n'est pas encore conçu.

Personnes qui profitent de la caducité du legs.

En général, la caducité du legs profite à ceux auxquels il aurait nui, s'il eût produit son effet.

Il suit de là qu'elle profite à ceux qui auraient été obligés de l'acquitter, s'il ne fut point devenu caduc; elle profite tantôt au légataire universel, tantôt au légataire à titre universel, et enfin à l'héritier *ab intestat.*

Quelquefois la caducité ne profite pas à ceux qui sont chargés de l'acquitter. Ainsi, lorsque la présence du légataire auquel ce legs était adressé préjudicie, non pas à eux-mêmes, mais à une autre personne, par exemple, dans le cas de substitution vulgaire ou d'existence de colégataire. Dans le premier cas, il n'y a pas concours, l'un vient seulement à défaut de l'autre légataire. Dans le second cas, au contraire, les deux légataires concourent ensemble; si l'un refuse ou fait défaut, sa part revient à l'autre par droit d'accroissement.

Du droit d'accroissement.

Le droit qu'ont des colégataires entre eux a été appelé, dans le Droit Romain et dans l'ancienne législation française, *droit d'accroissement*, et cette dénomination est conservée dans la législation actuelle. Tout ce qui tenait au droit d'accroissement a été présenté, par presque tous les auteurs, comme une des matières les plus épineuses du Droit, et était devenu, sous la plume des interprètes, un assemblage de subtilités telles, que les plus profonds jurisconsultes, entre autres Cujas, avaient désespéré de porter la lumière dans ce chaos. *Nulla in toto jure nostro creditur esse vel subtilior, vel perplexior*, disait Vinnius sur les *Institutes*, au titre *de Legatis*, § 8.

Les lois romaines distinguaient, quant au droit d'accroissement, les institutions d'héritiers, les simples legs, les testaments et les codicilles.

Le Code Napoléon pose quelques règles concises, qui, sainement entendues, doivent mettre un terme aux anciennes controverses. Le droit d'accroissement repose tout entier sur l'interprétation de la volonté du testateur. Mais comment pourra-t-on reconnaître cette intention, cette volonté? Le Code a dû, pour cela, établir certaines présomptions, et son système ici a été calqué sur les anciens auteurs, qui suivaient eux-mêmes les principes établis d'après le dernier état du Droit Romain. Un aperçu sommaire de leur théorie, fera comprendre plus facilement les principes établis par la loi en cette matière.

Il y avait avant la rédaction du Code Napoléon trois espèces de conjonctions : 1° la conjonction *re et verbis;* la conjonction *re tantum ;* 3° la conjonction *verbis tantum.*

Conjonction re et verbis. Lorsque le testateur avait légué la même chose à plusieurs personnes, par une seule disposition et sans désignation de parts, on était conjoint *re et verbis*, c'est-à-dire par la chose et par les paroles. La chose léguée appartenait ici, en entier, au légataire resté seul par droit *jure accrescendi.*

Conjonction re tantum. On était conjoint *re tantum* lorsque le testateur léguait à plusieurs personnes la même chose, mais par des phrases distinctes et séparées. Ainsi, je lègue mon cheval A à Primus; et dans une autre phrase, séparée de la première, je lègue mon cheval A à Secundus. Ici Primus avait droit au tout par voie de non décroissement, *jure non decrescendi.*

Conjonction verbis tantum. Enfin, lorsque le testateur avait légué la même chose à plusieurs personnes, par une seule phrase, mais avec désignation de parts, on se trouvait par cette disposition conjoint *verbis tantum.* Ainsi, je lègue ma maison B à Primus et à Secundus, chacun pour moitié. Si le légataire resté seul réclamait, il n'avait droit qu'à la portion de l'objet qui lui avait été destinée; la libéralité était, en effet, restreinte à cette fraction, et l'intention du testateur était manifeste.

En passant aux principes admis sur ce point par notre législation actuelle, nous verrons qu'elle distingue aussi trois espèces de conjonctions, comme le Droit Romain et l'ancien Droit. Ses explications, sur ce point, se résument dans les art. 1044 et 1045.

Le premier règle à la fois les conjonctions *re et verbis* et *verbis tantum;* il est ainsi conçu : *Il y aura lieu à accroissement lorsque le legs aura été fait à plusieurs conjointement,* et il ajoute ensuite : *et il aura été fait conjointement, lorsqu'il sera dans une seule et même disposition et que le testateur n'aura pas assigné la part de chacun dans la chose léguée.* Cet article ne traite, en réalité, que le cas de la conjonction *re et verbis,* où il y a accroissement; mais par *a contrario,* il résulte que lorsque la chose a été léguée par une même disposition avec désignation de parts, il n'y a pas lieu à accroissement, et le colégataire resté seul, recueille seulement la fraction qui lui a été donnée.

Ainsi, dans la conjonction *re et verbis*, l'accroissement a lieu, le colé-gataire prend la chose entière. Dans le cas de conjonction *verbis tantum*, au contraire, il n'y a pas lieu à accroissement; la fraction qui lui a été léguée revient seule au colégataire.

L'art. 1045 s'occupe ensuite de la conjonction *re tantum*. La loi distingue ici si la chose léguée est ou n'est pas susceptible d'être divisée sans détério-ration: il y a lieu à accroissement dans le second cas et non dans le pre-mier. Ce système, admis dans cet article, paraît peu rationnel; car, enfin, il semble que le législateur a dû traiter plus favorablement les légataires conjoints *re et verbis* que les conjoints *re tantum*.

La distinction que fait le Code dans ce dernier article, nous paraît pué-rile. Quoi! lorsqu'une chose a été léguée à plusieurs par une seule et même phrase, la loi suppose que le testateur a voulu léguer la chose entière à chacun des colégataires, et peu importe que l'objet soit ou non susceptible de détérioration; et lorsqu'elle a été léguée à chacun des légataires séparé-ment par des phrases distinctes, elle admet la distinction, si la chose est ou n'est pas susceptible de détériorations; vraiment ici l'intention d'appeler chaque légataire à la chose entière nous paraît ressortir avec bien plus de force encore que dans le premier cas. Mais la loi est formelle sur ce point, et cette bizarrerie a été l'objet d'explications diverses que plusieurs auteurs ont voulu donner à ce système.

Les art. 1044 et 1045 sont-ils applicables aux legs universels et à titre universel?

Le texte des art. 1044 et 1045 montre assez que leurs dispositions n'ont trait qu'aux legs particuliers; l'autorité historique s'oppose encore à une pareille solution; car ces dispositions prises sur Pothier, ne traitaient, comme en Droit Romain, du droit d'accroissement, qu'à l'occasion des choses parti-culières; le Code suppose toujours *une même chose;* or, le mot *même* appli-qué à une universalité n'aurait pas de sens; on n'a jamais qu'une seule et même universalité de biens.

On pourrait encore se demander si le colégataire qui profite du droit d'ac-croissement est tenu des charges que le testateur a imposées au légataire dé-faillant? Nous pensons que le colégataire doit profiter de l'accroissement *cum onere;* et en effet cette opinion, suivie du reste par Pothier et Ricard, paraît très rationnelle.

Le colégataire ne peut pas recevoir plus qu'il n'a été attribué aux deux légataires ensemble. Or, s'il profitait de tout le legs sans supporter les charges, en réalité il aurait de plus la valeur des charges dont il serait dispensé ; ce qui serait contraire au principe établi par la loi qui ne veut pas donner au légataire au-delà de l'intention du testateur, mais veut ne pas lui donner *moins.*

Révocation par la loi.

La loi a dû, comme dans les donations entre-vifs, prononcer la révocation des testaments, dans l'accomplissement de certains faits, la réalisation de certaines circonstances; les art. 1046 et 1047 s'occupent de cette révocation encourue par le fait du légataire; il est cependant une omission regrettable que la loi a commise à ce sujet : c'est la révocation des legs pour survenance d'enfants; car un homme peut faire son testament et mourir dans l'ignorance de la grossesse de sa femme ; son fils ainsi se trouvera dépouillé, et la loi ne viendra pas à son secours! Dans le Droit Romain, l'inimitié survenue entre le testateur et le légataire formait une présomption de révocation, mais pour le legs seulement. Les principes du Code Napoléon sont plus précis, l'inimitié n'est plus un fait qu'on puisse opposer comme cause de révocation. Mais lorsque le légataire s'est rendu coupable envers le testateur de torts graves, la loi le punit par la révocation du legs. Les faits qui produisent ce résultat sont clairement déterminés. Ce sont les mêmes qui autorisent la demande en révocation des donations entre-vifs. L'art. 1046 dispose, en effet, que « les mêmes causes qui, suivant l'art. 954 et les deux premières dispositions de 955, autorisent la demande en révocation de la donation entre-vifs, seront admises pour la demande en révocation des dispositions testamentaires. » Ces causes sont : 1° l'inexécution des conditions; 2° l'ingratitude. Toutefois, le refus d'aliments, ici, n'est pas une cause de révocation, cette obligation, en effet, ne peut pas précéder le service reçu.

Enfin l'art 1047 indique une autre cause de révocation: c'est l'injure grave à la mémoire du testateur, cause qui n'existe pas dans la révocation des donations. Cette demande doit être exercée dans l'année du délit. Et intentée par les héritiers du défunt, elle devra selon nous l'être dans l'année, dont le point de départ sera le jour où ils eu connaissance du délit.

QUESTIONS.

I. Le donateur qui avait déjà formé contre le donataire la demande en révocation pour cause d'ingratitude, peut-il la continuer contre ses héritiers ? — Non.

II. La survenance d'un enfant né d'un mariage putatif révoque-t-elle la donation ? — Non, si l'époux est de mauvaise foi.

III. L'assignation de parts faite par le testateur fait-elle toujours cesser le droit d'accroissement ? — Non.

IV. L'accroissement entre colégataires d'usufruit a-t-il lieu, même après que le legs a été recueilli par chacun des colégataires ? — Oui.

PROCÉDURE CIVILE.

De la procédure du faux incident, à partir du jugement qui admet les moyens de faux.

Le caractère de la procédure du faux incident est essentiellement civil comme l'indique son titre, c'est-à-dire qu'elle ne tend pas à obtenir la punition du faussaire, mais seulement la fausseté de l'acte. Selon l'expression de Boncenne, c'est l'épisode d'une action qui n'avait pas originairement une inscription de faux pour objet ; c'est un procès fait à la pièce, comme si la pièce s'était fabriquée ou falsifiée d'elle-même. Il n'est point d'acte authentique assez solennel pour ne pouvoir pas être attaqué par cette voie, même dans les arrêts des Cours souveraines. Toutefois, il se ferait un grand abus des inscriptions de faux, on en verrait surgir chaque jour, *morandæ solutionis causâ*, si la témérité de certains plaideurs n'était pas arrêtée par la crainte des condamnations auxquelles ils s'exposent : *Si non plerosque solemnis inscriptiones periculum deterreret.* Les tribunaux doivent donc autoriser rarement cette procédure longue et compliquée, en présence des dangers qu'elle peut amener.

La procédure en faux incident se divise en trois périodes : La première se compose de tous les actes antérieurs au jugement qui admet l'inscription de faux. La seconde s'étend depuis la remise au greffe de la pièce arguée, jusqu'au jugement qui déclare la pertinence des moyens qui en autorise la preuve. La dernière comprend les opérations ordonnées pour la preuve, comme les expertises, les enquêtes, et se termine par le jugement qui vide

l'incident et juge le faux. La marche tracée par la loi ne saurait être inter-
vertie, et chacun de ces degrés doit être rempli par un jugement spécial et
séparé. Notre sujet se bornera à traiter la seconde période en partie, et la
troisième. Nous allons les suivre en indiquant les formalités qui appartien-
nent à chacune d'elles.

Les parties se sont mutuellement signifié leurs moyens de faux, et la réponse à ces moyens dans certains délais exigés. Trois jours après la signifi-
cation de cette réponse, la partie la plus diligente a droit de poursuivre
l'audience. On plaide ; le ministère public donne ses conclusions, et le tribunal statue sur le mérite des moyens de faux. Ils sont admis ou rejetés,
soit en totalité, soit en partie ; admis s'ils sont pertinents et concluants, et
la preuve en est ordonnée ; rejetés s'ils sont étrangers à l'affaire et d'une nature insignifiante pour la preuve du faux ; alors l'inscription du faux tombe
et s'évanouit ; le procès principal reprend son cours. Mais pour pouvoir
poursuivre la procédure jusqu'à la fin, supposons que les moyens présentés,
ou au moins quelques-uns, ont été admis ; dans ce cas, leur preuve doit être
faite d'après des règles particulières énoncées dans les art. 233 et suiv., et
d'après aussi certaines règles suivies dans le cours d'autres procédures,
comme les enquêtes, la vérification d'écriture. Il est important que la li-
mite des moyens admis soit nettement tracée et fidèlement observée, sans
cela de nouveaux faits se reproduiraient dans les enquêtes ; les voies seraient
ouvertes à toute sorte de surprise, et la justice aurait elle-même à lutter
contre d'artificieuses préventions. La loi ordonne, en conséquence, que les
moyens de faux que le tribunal admet soient expressément énoncés dans
le dispositif de son jugement. Ces moyens une fois admis, leur preuve doit
en être faite ainsi que nous l'avons dit ci-dessus. Comment se fait cette
preuve ? Elle doit être faite tant par titres que par témoins, et même par
experts, suivant la matière ; un juge commis assiste à ces divers moyens de
preuves et les vérifie. Il est certains cas, cependant, où l'importance des
moyens n'est pas assez caractérisée, assez décisive, pour qu'il soit nécessaire de surseoir à l'instruction originaire ; alors ils peuvent, suivant les
éventualités de la cause, s'y mêler ou même s'y absorber ; on joint alors ces
moyens *au principal* ; le juge commis pourra examiner, vérifier et prononcer avec l'unique secours de ses propres lumières. Il suffit que ces moyens

aient subi un examen, la conscience du juge peut être affranchie du joug de l'expertise; les experts peuvent aussi faire, sur les pièces arguées de faux, certaines remarques afférentes à leur art.

Après avoir indiqué comment les moyens se prouvent, la loi indique encore les instructions à suivre pour ces diverses preuves.

Pour la preuve des moyens, elle peut être faite tant par titres que par témoins, et ici la loi soumet ces preuves aux règles tracées dans la vérification d'écriture et dans les enquêtes; seulement, elle met quelque sévérité de plus dans les formes, attachant ici à la déposition des témoins une très grande importance.

Elle soumet ces dépositions aux procédés de recherches et d'investigations admises en matière criminelle. C'est dans ce but que l'art. 234, dans ses deux paragraphes, dit : « Les pièces prétendues fausses seront représentées et paraphées des témoins, s'ils veulent ou s'ils peuvent; sinon il en sera fait mention. Ils seront aussi soumis aux mêmes formalités quant aux pièces de comparaison. Le but de la loi ici est d'ôter tout prétexte aux témoins pour dire qu'ils ont parlé d'un écrit autre que celui dont il est question au procès.

Relativement à l'apport des pièces de comparaison ou à leur envoi, aux fonctions du juge-commissaire, aux limites de ses pouvoirs, et à l'opération des experts, les mêmes règles que celles relatives aux vérifications d'écriture s'appliquent à l'expertise du faux incident. Cependant il y a quelques particularités à signaler. Ainsi, les experts doivent nécessairement être nommés d'office, à la différence de la vérification d'écriture où ils peuvent l'être par les parties. Les opérations des experts ne peuvent commencer qu'après l'enquête, s'il en a été ordonné une.

Tout ce qui a été préparé pour les opérations des experts doit être connu d'eux; étant destinés à connaître de la vérité et de la fausseté de l'acte, tout ce qui peut les amener à cette découverte doit leur être présenté. C'est ainsi que le jugement qui a reconnu l'utilité de l'inscription, les pièces arguées de faux, le procès-verbal de leur état de description, le jugement qui a admis les moyens et ordonné l'expertise, les pièces de comparaison, le jugement qui les a reçus, doivent être sous leurs yeux. Comme il faut que l'on sache si la pièce arguée de faux devra rester au procès, après que le procès-verbal d'enquête et d'expertise ont été levés et signifiés, la partie la plus diligente peut donner un *à venir* et poursuivre le jugement de l'incident.

Ici la procédure de faux incident subit encore une secousse, et au moment où l'instruction est achevée elle peut être encore suspendue. Des indices accusateurs peuvent s'élever contre une personne qui n'est ni morte ni couverte par la prescription. Tout est suspendu jusqu'à ce que la juridiction criminelle ait décidé sur la culpabilité du prévenu. La loi ici confère au président le droit qu'a un officier de police judiciaire; l'art. 462 du Code d'Instr. crimin. confirme ce droit. Maintenant, l'instance reprend son cours, la pièce a gagné son procès ou a été déclarée fausse. *Est-elle déclarée fausse?* des mesures sont prises pour qu'elle ne puisse plus se montrer et être l'instrument d'une fraude nouvelle, et le tribunal en ordonne la suppression partielle ou totale. Les diverses expressions qui ont été employées par la loi à ce sujet, ne nous paraissent pas synonimes les unes des autres; et dans certains cas où on pourrait prononcer la radiation d'une pièce, on ne pourrait pas en ordonner la lacération

Dans cette lutte si compromettante du faux incident, où de graves intérêts sont engagés, où le ministère public plonge toujours son regard, où la justice met sous sa main tout ce qui se produit, le greffier a, lui aussi, une grande part de responsabilité dans le dépôt qui lui est fait des pièces. Ces formalités sont résumées dans les art. 242, 243, 244, 245. Ainsi, quand le jugement statuant sur le faux a décidé sur le sort des pièces produites, le greffier doit se garder d'exécuter ce chef de jugement, tant qu'une voie de recours reste ouverte à la partie condamnée contre la décision du tribunal. Le but de la loi se devine facilement; si on supprimait, en effet, les pièces, ou si on les radiait, comment pourrait-on les soumettre à un nouvel examen quand elles n'existeraient plus?

Enfin, si nous supposons que la pièce arguée a gagné son procès, elle ne peut plus, par les mêmes raisons qui précèdent, rentrer dans les mains de celui qui l'a produite, avant l'expiration de tous les délais nécessaires pour la consécration du jugement. Les juges, cependant, peuvent, dans certaines circonstances exceptionnelles, délivrer les pièces aux parties avant l'expiration des délais ouverts pour les voies de recours. Pour empêcher encore les parties de tenter la procédure en faux incident, pour arrêter la témérité de certains plaideurs, la loi impose à la partie condamnée une amende de 300 fr., avec des dommages et intérêts. La loi, toujours dans le but de rendre plus rare l'exécution de cette procédure lente et compliquée, prononce la même peine dans certains cas où elle reconnaît que la partie a agi trop à la légère. Ainsi, si le demandeur s'en est désisté volontairement; si les parties ont été mises hors de procès par défaut de moyens ou de preuves suffisantes; si le demandeur n'a pas satisfait aux diligences et formalités prescrites.

Enfin, comme le plus souvent un crime est caché sous les complications de la procédure du faux incident, les parties ne peuvent pas transiger entre elles sans l'homologation du tribunal et sans la communication au ministère public de cette nouvelle transaction.

Toutefois, une exception est portée à ce principe. Ainsi, le ministère public n'a pas le droit de requérir, ni les juges celui d'ordonner que les parties seront tenues de continuer et d'achever contre leur gré le procès civil sur lequel elles se sont accordées.

QUESTIONS.

I. L'accommodement qui efface l'inscription de faux, avant qu'elle soit admise, doit-elle être exécutée après la demande de l'assentiment du ministère public et l'homologation du tribunal? — Non.

II. Les dépositions des témoins instrumentaires suffisent-elles pour faire déclarer un acte faux? — Oui, elles peuvent suffire.

DROIT CRIMINEL.

De l'influence respective de la chose jugée du criminel sur le civil et de la chose jugée du civil sur le criminel.

Quand la partie lésée par un crime ou un délit s'est constituée partie civile dans la poursuite criminelle à laquelle ce délit a donné lieu, le jugement de la juridiction répressive, rendu contradictoirement avec elle, produit à son égard l'exception de la chose jugée.

Mais il peut arriver que la personne lésée par un délit ne soit pas constituée partie civile, qu'elle n'ait pas figuré dans le procès criminel ; quel sera alors l'effet du jugement intervenu dans ce procès sur l'exercice de son action ?

Après une vive discussion à ce sujet, on a posé cette règle : *Le criminel l'emporte sur le civil.* Mais cette règle elle-même doit-elle s'appliquer d'une manière absolue, est-elle fondée ?

La chose jugée dans un tribunal criminel enchaine-t-elle les tribunaux civils ? Cette question, l'une des plus graves de la procédure criminelle, a donné lieu à de grands débats.

Cette discussion renferme en elle des éléments très nombreux et assez confus qui ne peuvent être exposés avec clarté qu'en expliquant, en premier lieu, le système que la jurisprudence a consacré et les applications principales qui ont été faites. Les principes sur lesquels ils s'appuient seront examinés ensuite.

La jurisprudence a admis, comme une règle générale, que la chose jugée au criminel a autorité sur le civil, lors même que la partie lésée ne s'est pas portée partie civile au procès criminel. Cette règle est fondée sur ce que l'action publique est évidemment préjudicielle à l'action civile, et que le jugement qui intervient sur l'une, même en l'absence de la partie privée, ne peut pas ne pas avoir l'autorité de la chose jugée sur l'autre. De plus le ministère public, en étant le mandataire et le représentant de la société dans ses fonctions, en agissant au nom de tous les citoyens, il les représente tous, et par cela même représente la partie elle-même.

De là on peut conclure que le jugement criminel, lorsqu'il constate ou dénie le fait dommageable, a force de chose jugée, en ce qui concerne cette déclaration, à l'égard de la partie lésée.

Enfin, plusieurs textes supposent ou du moins semblent établir quelques effets sur le civil de la chose jugée au criminel.

Cette influence, cependant, ne s'étend pas à tous les cas, et elle doit être formellement limitée aux points qui ont été explicitement décidés par le jugement. Ainsi, lorsque les termes du jugement ne sont pas précis et que les faits qui doivent servir de fondement à l'action civile n'y sont pas appréciés, le tribunal civil peut reprendre cette appréciation, et pourvu que son jugement se concilie avec celui de la juridiction criminelle, il est toujours compétent.

Telle est la doctrine sur laquelle repose et est résumée toute la jurisprudence, et l'autorité de chacun des actes de la juridiction criminelle sur l'exercice ultérieur de l'action civile a été appréciée d'après elle. Ces actes de la juridiction criminelle sont au nombre de trois :

Les ordonnances et les arrêts de non lieu. Le plus souvent les parties lésées conservent ici leurs droits entiers, et ces arrêts et ces ordonnances n'exercent pas d'influence sur la poursuite de l'action civile devant les tribunaux civils. Ici, en effet, il n'y a pas lieu à suivre faute de charges suffisantes pesant sur l'accusé; on n'établit pas pour cela la non-existence du fait, mais l'insuffisance de gravité pour sa poursuite. Quant à la poursuite du quasi-délit résultant du même fait, il en est autrement; il n'y a aucun obstacle à sa poursuite, le fait dommageable existe toujours. Si ces décisions admettent que le délit est éteint par la prescription, l'action civile ne pourra pas, elle, être éteinte pour la même raison, car le fait existe toujours, la cause du dommage est permanente, et ce fait ne constituant pas un délit peut du moins constituer un fait dommageable.

Les arrêts d'acquittement ou d'absolution. Le jury qui déclare que l'*accusé n'est pas coupable*, n'enchaîne pas l'action. En effet, déclarer que l'accusé n'est pas coupable, ce n'est pas décider que le fait n'existe pas, que le prévenu n'en est pas l'auteur; les torts seulement ne sont pas suffisants pour attirer sur lui la peine que le ministère public voulait lui faire infliger; l'accusé peut donc subir les faits ou les circonstances qui doivent le soumettre à des réparations civiles, quoique la déclaration du jury exclue le crime de l'accusation. Les tribunaux civils peuvent donc examiner ces circonstances, ces faits, les apprécier et fixer des dommages-intérêts s'il y a un quasi-délit. Les arrêts d'absolution laissent, à plus forte raison, l'action civile entière; par l'absolution, en effet, on enlève à l'accusé la criminalité qui le rend punissable, mais on ne peut enlever le fait lui-même qui reste toujours constaté par le jugement, et la partie lésée peut en faire évidemment la base de sa demande.

Un autre cas peut se présenter; il peut résulter, par exemple, de la déclaration de non-culpabilité et des jugements de renvoi, que le fait n'existe pas, ou que l'accusé n'est réellement pas coupable et n'en est pas l'auteur. Ici la partie lésée ne peut plus admettre en discussion l'existence du fait ou la coopération de l'accusé; suivant la Cour de Cassation, en effet, il a été décidé : « Le ministère public est seul partie capable pour poursuivre les crimes et les délits; il les poursuit aux risques, périls et fortune de tous ceux qui y sont intéressés, lorsqu'ils ne se rendent pas partie civile, et le jugement qui intervient avec lui ne peut jamais être attaqué par les parties privées. »

Les arrêts de condamnation. Le jugement rendu au criminel et déclarant que *le fait est constant*, que *l'accusé est coupable*, ne peut être attaqué par celui-ci; il n'est pas recevable à soutenir devant la juridiction civile que le même fait n'existe pas et qu'il n'en est pas l'auteur, car nous savons que le jugement rendu au criminel sert de base aux demandes civiles et même aux réquisitions pénales.

La jurisprudence a posé cet ensemble de règles sur cette matière. Le principal argument à l'appui de l'interprétation de la loi résulte de l'art. 3 du Code d'Inst. crim. : Le jugement de l'action publique est préjudiciel à celui de l'action civile ; on peut induire de là plusieurs conséquences ; ainsi, la question de l'existence du délit de l'agent est préjudicielle à l'instance en dommages et intérêts ; le jugement qui décide cette question doit avoir la même influence sur l'action civile, que le jugement rendu sur une question préjudicielle dévolue aux tribunaux civils exerce sur l'action criminelle. Mais comment le jugement est-il préjudiciel au civil? Parce qu'il tient celui-ci en suspens jusqu'à la prononciation du premier. Ce sursis a eu un but ; la loi a voulu que les lumières plus abondantes qui pourraient jaillir de l'instruction criminelle pussent servir à éclairer l'instance civile ; de plus, la loi a voulu éviter que deux juridictions pussent juger à l'insu l'une de l'autre et tomber involontairement dans des sentences opposées et contradictoires ; le jugement civil, enfin, aurait pu exercer de l'influence sur le jugement criminel, et ces motifs n'existent plus de l'action criminelle sur l'action civile ; le jugement civil qui statue sur une question préjudicielle, lie la juridiction criminelle ; une exacte réciprocité existe dans le même cas de la juridiction criminelle sur la juridiction civile. A l'appui des règles admises par la jurisprudence, on peut poser un autre argument tiré de l'identité d'objet et de personnes. Et d'abord, identité d'objet ? L'action publique et l'action civile ont une base commune : le fait unique d'où dérive le délit et le dommage. Les conséquences de ce fait sont différentes, mais elles se réunissent en ce sens que ce fait existe et a été commis par le même individu. Il y a identité de personnes ; en effet, le ministère public, en poursuivant les crimes et les délits, agit aux risques et périls de tous les intéressés, car il est le mandataire de la partie civile comme de toute la société, il a mandat légal pour faire déclarer l'existence du fait dommageable et non pour obtenir la réparation.

Ce système, suivi par la jurisprudence, a des conséquences assez nombreuses : Si le prévenu est condamné par la juridiction criminelle, le même jugement enchaîne la juridiction civile ; la partie lésée n'a plus qu'à présenter l'état de ses frais pour en obtenir le remboursement. Si l'accusé est acquitté, la juridiction civile reste libre et peut vérifier les termes et les motifs du jugement, pour en déduire l'existence du fait ; il y a donc chose jugée contre le prévenu et non en sa faveur ; une poursuite civile peut.le frapper, mais non une deuxième poursuite criminelle après l'acquittement.

C'est aux motifs que l'on accorde force de chose jugée, ce sera d'après eux que la juridiction civile se trouvera liée ou libre de son appréciation.

On a encore donné comme raison de l'influence que la chose jugée au criminel doit avoir sur le civil, les dangers inévitables qui résulteraient de ce non enchaînement de juridiction. Si le tribunal civil, par une distinction quelconque, pouvait recevoir le même fait et le juger, l'action publique et l'intérêt privé ne seraient plus la même chose : le civil pourrait déclarer un homme qui a péri sur l'échafaud non coupable ; et, d'un autre côté, on déclarerait le crime certain quand on l'a absous et que l'accusé a été replacé dans la société par la loi elle-même. Ces craintes sont évidemment un peu exagérées, car on peut voir des contradictions dans une même juridiction sans que la société en soit pour cela ébranlée.

Voici ce que l'interprétation doit surtout chercher à maintenir : c'est l'autorité de la chose jugée, et, de plus, elle doit s'efforcer de soutenir la compétence respective des juridictions.

Le jugement criminel peut exercer une influence sur la décision des juges civils, cette influence est légitime ; les juges criminels ont statué sur la production de preuves que le juge civil ne devra pas invoquer ; mais cela se comprend par la plus grande solennité du débat et par sa plus grande fécondité, leur jugement doit donc être regardé ; mais ce jugement quoique éclairant le juge civil ne l'enchaîne pas, il peut y puiser des lumières, mais il n'en subit pas la loi, et il conserve toujours son droit d'appréciation et de juridiction, et il ne blesse pas en cela la chose jugée, car le criminel n'a pas force de chose jugée dans la constatation ou la réparation d'un dommage privé.

Influence de la chose jugée du civil sur le criminel.

En thèse générale, les tribunaux civils n'ont aucune autorité sur l'action publique et ne l'enchaînent nullement; ils n'ont pas à son égard force de chose jugée.

Cette règle, du reste, nullement contestée aujourd'hui, était reçue dans notre ancien Droit. Ainsi, la preuve obtenue devant les juges civils n'avait que la forme d'un indice. *Confessio facta in judicio civili, vel criminali civiliter intentato, non sufficit ad condemnandum in criminali judicio criminaliter intentato, et nec etiam ipse sententia in causâ civili lata super ipsa crimine probat in criminali.*

Il n'y a point identité d'objet entre l'action civile et publique, même s'appliquant au même fait; elles ne l'envisagent pas sous le même rapport. Il n'y a pas non plus identité de parties. Le ministère public est partie poursuivante dans les instances criminelles, partie jointe dans les civiles. Enfin, les deux actions ne s'appuient pas sur les mêmes preuves, et ces preuves n'ont pas le même but dans les deux juridictions; on peut donc conclure que le jugement civil est sans influence sur l'action criminelle et ne peut constituer l'exception de la chose jugée, soit en faveur du prévenu, soit contre lui.

Par de nombreux arrêts notre jurisprudence a consacré ces règles, et la Cour de Cassation a jugé presque toujours en faveur de cette solution. Les réserves de poursuites ultérieures devant le tribunal civil, que le ministère public aurait faites, ne sont pas nécessaires, parce que le ministère public a toujours, et dans tous les cas, la faculté d'exercer ces poursuites. On ne peut jamais lui opposer le défaut de réserves, car il n'est pas tenu de les faire, et, de plus, le tribunal n'a pas le droit de les prononcer.

Cependant, la règle que la chose jugée au civil est sans influence au criminel, reçoit une exception lorsque la question jugée au civil est préjudicielle à l'action publique. En ce qui concerne l'influence du jugement civil sur l'action publique, deux conditions sont exigées pour qu'une instance soit réputée préjudicielle : 1° cette instance doit constituer une exception qui suspende la poursuite; 2° le jugement de cette exception doit avoir été formellement attribué par la loi à la juridiction civile. Par exemple, en matière de suppression d'état, la question d'état forme une question préjudicielle à l'action publique, et cette question ne peut être résolue que par les tribunaux civils. Le jugement forme la vérité judiciaire devant la juridiction criminelle quand ces deux éléments sont réunis dans la question jugée au civil.

Les faits déclarés constants par la juridiction civile ne peuvent être contestés par la juridiction criminelle. Il y a sur ce point chose jugée, et cela doit être ainsi nécessairement, car les juges criminels sont incompétents pour apprécier le fait préjudiciel, c'est dans le ressort des juges civils seuls. L'appréciation que les juges civils en ont faite, lie donc les autres. Ainsi, lorsque le tribunal civil a déclaré qu'il n'y a pas eu de dépôt ou que le terrain sur lequel une déprédation a été commise appartient au prévenu, le tribunal correctionnel ne peut juger qu'il y a eu violation de dépôt ou délit contre la propriété d'autrui. Dans ces hypothèses, en effet, il y a chose jugée sur l'existence du dépôt et sur le droit de propriété; dès-lors, le délit dont ce fait préjudiciable est l'un des éléments n'existe plus.

POSITIONS.

I. Les jugements des tribunaux correctionnels et de police doivent-ils laisser l'action civile entière, comme les arrêts d'acquittement et d'absolution ?

II. Peut-on puiser dans les art. 359 et 463 du Code d'Instruction criminelle des exemples d'une influence exercée par des jugements criminels sur les droits et les actes des tiers ?

Vu par le président de la Thèse,

G. BRESSOLLES.

Cette Thèse sera soutenue, en séance publique, le 2 août 1859, dans une des salles de la Faculté.

Toulouse.— Imprimerie BAYRET, PRADEL et C°, place de la Trinité, 12.

www.ingramcontent.com/pod-product-compliance
Ingram Content Group UK Ltd.
Pitfield, Milton Keynes, MK11 3LW, UK
UKHW022231070726
13613UKWH00004B/1890